Prières

Dieu nous aime !

PIERRE TÉQUI, *éditeur*
82, rue Bonaparte - 75006 Paris

ACHEVÉ D'IMPRIMER EN MAI 1997
SUR LES PRESSES DES ÉDITIONS TÉQUI
53150 SAINT-CÉNERÉ
N° d'édition : T 53 1070
Dépôt légal : Mai 1997

ISBN : 2-7403-0482-X

PRIÈRE : Seigneur, envoie ton Esprit !

Viens, Esprit-Saint !
Viens habiter en moi
pour m'apprendre à prier,
à aimer Dieu et les autres.
Viens, Esprit-Saint : j'ai besoin de Toi !

PRIÈRE : Dieu, je Te remercie d'avoir créé le ciel et la terre, les plantes et les animaux, le soleil et les étoiles.
En regardant la Création, je vois que Tu es tout-puissant.

PRIÈRE : Dieu, je Te bénis et je Te rends grâce
de m'avoir créé à ton image.
Merci de m'avoir donné la vie.
Trop souvent, comme Adam et Eve,
je Te désobéis.
Pardon, Seigneur.

PRIÈRE : Seigneur, apprends-moi à T'obéir en ayant toujours confiance en Toi, comme Abraham.
Je décide de me mettre en route pour Te suivre. Aide-moi.

PRIÈRE : Vers Toi, Seigneur, j'élève mon âme ;
en Toi, mon Dieu, je me confie ;
rappelle-Toi ta tendresse ;
pense à moi dans ton amour.

(psaume 24)

PRIÈRE : Je vous salue, Marie, pleine de grâce ;
le Seigneur est avec vous. Vous êtes bénie entre toutes les femmes, et Jésus, le fruit de vos entrailles, est béni.
Sainte Marie, mère de Dieu, priez pour nous, pauvres pécheurs, maintenant et à l'heure de notre mort.
Amen.

PRIÈRE : Vierge Marie,
vous qui avez attendu Jésus dans le silence, la prière
et un immense amour de Dieu,
aidez-moi à bien préparer Noël
afin que mon cœur ait un grand désir
d'accueillir Jésus.

PRI Gloire à Dieu au plus haut des cieux !

Merci, Seigneur, d'être venu parmi nous.

Merci d'être venu pour nous sauver.

Petit Enfant Jésus, Fils de Dieu,

nous T'adorons.

PRIÈRE : Seigneur Jésus, Tu es notre lumière.

Je Te regarde.

Je T'adore.

Je T'aime.

Marie, apprenez-moi à vivre avec Jésus même quand cela est difficile.

PRIÈRE : Joseph, Marie, Jésus,
Sainte Famille de Nazareth, protégez ma famille et toutes les familles.
Aidez mon papa et ma maman.
Apprenez-moi à leur obéir et à tout faire parfaitement comme Jésus.

PRIÈRE : Jésus, apprends-moi à aimer Ton Père comme Tu L'aimes.
Apprends-moi à L'aimer plus que tout.
Apprends-moi à Le servir.

PRIÈRE : Je crois en Dieu
le Père tout-puissant,
en Jésus-Christ son fils unique,
au Saint-Esprit.

PRIÈRE : Seigneur Jésus,
Tu m'appelles à Te suivre
en faisant Ta volonté à chaque instant de ma vie.
Apprends-moi à Te répondre : « oui » sans hésiter.

PRIÈRE : Jésus, j'ai confiance en Toi.
Merci de tout ce que tu fais pour moi.
Merci d' être toujours prêt à me pardonner mes péchés.

PRIÈRE : Seigneur, comme la brebis,
parfois, je quitte le bon chemin
et je m'égare loin de Toi.
Merci de me pardonner
et de venir me chercher.

PRIÈRE : Seigneur,

je voudrais te recevoir en moi
comme Zachée t'a reçu chez lui.
Viens, Seigneur Jésus,
viens changer mon coeur.

PRIÈRE : Gloire à Dieu ! Hosanna !

Saint, saint, saint le Seigneur !

Gloire à Celui qui vient de la part du Seigneur !

Gloire à Dieu !

Hosanna au plus haut des cieux !

PRIÈRE : Chantons Jésus présent dans l'hostie !

Merci, Seigneur, d'avoir offert pour nous
Ton Corps et Ton Sang.
Merci de nous donner Ton Corps et Ton Sang
dans le Sacrement de l'Eucharistie.
Fais qu'il y ait beaucoup de saints prêtres.

PRIÈRE : Merci, Seigneur,
d'avoir accepté de souffrir et mourir pour me sauver.
Pardon pour tous mes péchés.
Apprends-moi à accepter ce qui est difficile,
à l'offrir comme toi,
avec l'aide de Marie que Tu nous a donnée comme maman.

PRIÈRE : Alleluia ! Alleluia !

Loué sois-tu, Seigneur !
Tu es ressuscité, Tu es vivant pour toujours !
Tu es plus fort que le péché,
que la souffrance et que la mort !
Alleluia !

PRIÈRE : Alleluia !

En ce jour de Pâques, Seigneur, je suis rempli de joie !
Je le sais : Tu es ressuscité !
Tu es vivant pour toujours !
Garde-moi uni à Toi pour que je vive de ta Vie.
Alleluia ! Loué soit Dieu !

PRIÈRE : Seigneur, je T'aime
de tout mon cœur,
de toute mon âme,
de toutes mes forces.
Je T'aime plus que tout.
Seigneur, protège l'Eglise et son chef le Pape.

PRIÈRE : Seigneur, je sais que Tu es près de moi
à chaque instant,
et pour toujours.
Je crois en Toi. J'ai confiance en Toi.
J'espère aller un jour Te retrouver au ciel, près de ton Père,
où Tu me prépares une place.

PRIÈRE : Depuis le jour de mon baptême
(le . . . .), je suis Ton enfant.
Merci, Seigneur
de m'avoir donné Ta Vie,
de m'avoir fait entrer dans l'Eglise.
Aide-moi à être fidèle à mon baptême.

PRIÈRE : Viens en moi, Esprit-Saint,
Esprit de sagesse et d'intelligence,
Esprit de conseil et de force,
Esprit de science et de piété,
Esprit de crainte filiale.

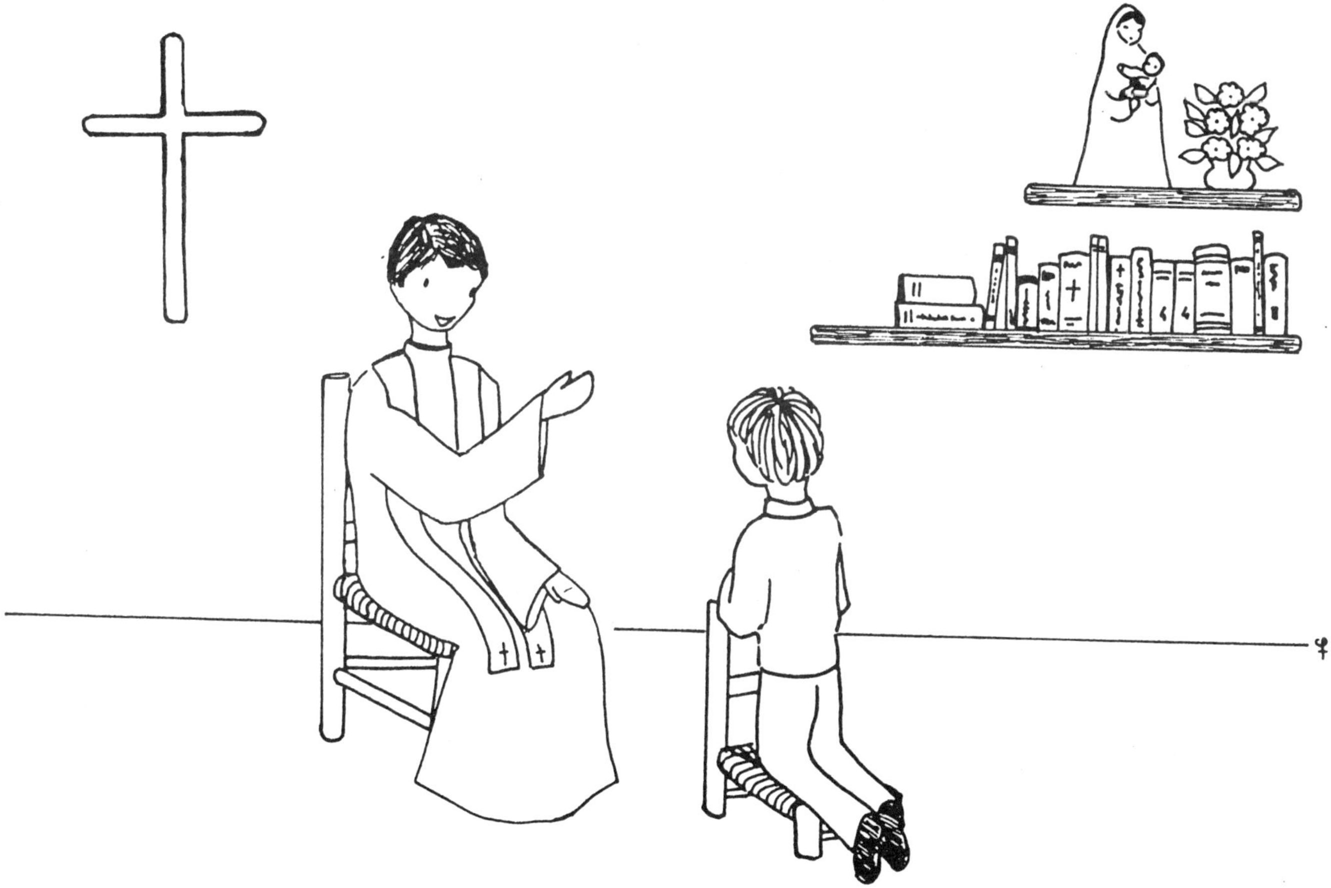

PRIÈRE : Mon Dieu, j'ai un très grand regret
de T'avoir offensé,
parce que Tu es infiniment bon
et que le péché Te déplaît.
Je prends la ferme résolution, avec le secours de ta sainte
Grâce, de ne plus T'offenser et de faire pénitence.

PRIÈRE : Seigneur, je crois :
je ne vois que du pain et du vin,
mais je suis sûr que c'est vraiment Ton Corps et Ton Sang.
Seigneur, je t'adore. Je t'aime.
J'ai un grand désir de Te recevoir.
Viens, Seigneur Jésus !

PRIÈRE : Merci, Jésus d'être vraiment présent,
sur l'autel, à chaque messe.
C'est difficile de bien écouter,
de bien prier pendant la messe : aide-moi.
Apprends-moi à aimer la messe.

PRIÈRE : Seigneur,

je te prie pour tous les malades :
aide - les à offrir leurs souffrances,
fais qu' ils guérissent.
Je te prie spécialement
pour ceux qui vont bientôt mourir.

PRIÈRE : Seigneur, je Te prie
pour tous ceux qui ont reçu le sacrement de l'Ordre,
spécialement pour notre évêque, Monseigneur . . . .
et pour tous les prêtres que je connais.
Je Te prie aussi pour tous les garçons
à qui Tu demandes d'être prêtres.

PRIÈRE : Seigneur, aide ma maman et mon papa,
donne-leur ta force, ta lumière, ta joie, ta douceur, ta patience
afin qu'ils s'aiment toujours davantage
et sachent bien s'occuper de leurs enfants,
en les aidant à devenir des saints.
Je te prie aussi pour mes grands-parents.

PRIÈRE : Vierge Marie,

vous êtes ma maman du Ciel.

Vous veillez sur moi,

vous m'aidez, vous parlez de moi à votre Fils.

Vous ne m'oubliez jamais.

J'ai confiance en vous.

PRIÈRE : Saint . . . .

qui veilles sur moi,

apprends-moi à aimer Dieu de toutes mes forces,

à Lui obéir toujours,

à chercher sans cesse à Lui faire plaisir.

Mon ange gardien, veille sur moi.

PRIÈRE : Notre Père, qui es aux cieux,
que Ton nom soit sanctifié, que Ton règne vienne,
que Ta volonté soit faite sur la terre comme au ciel.
Donne-nous aujourd'hui notre pain de ce jour.
Pardonne-nous nos offenses comme nous pardonnons aussi
à ceux qui nous ont offensés
Et ne nous soumets pas à la tentation.
Mais délivre-nous du Mal. Amen.